Pour Joséphine, Victor, Charlotte, Victoire,
Louis, Clémence, Léonore.

S. A.

ISBN : 2 7470 1050-3 - Dépôt légal : octobre 2003
Loi 49-956 du 16 juillet 1949 sur les publications destinées à la jeunesse
Imprimé et relié en France par Pollina s.a.,85400 Luçon - N° L90003-B

COMPTINES DE NOËL

Textes de Sophie Arnould
illustrés par Maya Kessler

BAYARD JEUNESSE

LE PETIT ANGE

Perché tout en haut du sapin,
le petit ange de Noël
est assis à califourchon
entre une fée et un lutin.

– Et patati et patata,
bonjour, madame, comment ça va ?
demande le lutin à la fée
en se penchant pour la saluer.

– Et patati et patata,
très bien, merci, mon cher ami,
heureuse de vous revoir ici.
Comment s'est passée votre année ?
Avez-vous beaucoup travaillé ?

Perché tout en haut du sapin,
le petit ange de Noël
fait vibrer ses ailes en dentelle,
content de voir tous ses amis,
aujourd'hui enfin réunis.

LE SAPIN

Long manteau vert,
cheveux d'argent,
six paires de chaussures
à son pied,
il attend bien sagement
tout près de la cheminée,
reste ainsi un mois durant,
les bras ornés de rubans,
et rentre à pas de géant
dans sa forêt enneigée
dès que Noël est passé.

J'AI DEMANDÉ

J'ai demandé
pour Noël
un ours
et trois coccinelles,
un cousin,
un martien,
et une paire de bretelles,
un avion,
un chaudron,
des bonbons
aux champignons,
un plumeau,
un chapeau,
un vélo
pour mon chameau.

Vous trouvez que ça fait trop ?

Voilà le FACTEUR !

Voilà le facteur
qui passe,
ramasse et trie
les enveloppes,
timbre, timbre
sans cesse
tout le courrier
qui s'amasse.

Même si le facteur
se presse,
jamais il ne se tracasse,
car les lettres qu'il ramasse
vont toutes à la même adresse :
« Là-haut, chez le Père Noël,
au pays du givre et du gel. »

LE PÂTISSIER

En toque et tablier,
le pâtissier toqué
prépare sa bûche
au chocolat,
armé d'une cuillère
en bois.

Vraiment toqué, le pâtissier
verse dans son saladier
du cacao, des petits pois,
des haricots, du tapioca,
des œufs, du sucre
et du moka,
sans oublier le chocolat.

Remue par-ci,
mélange par-là,
il fait vraiment
n'importe quoi !

Qui va vouloir goûter à ça ?
Sûrement pas moi !

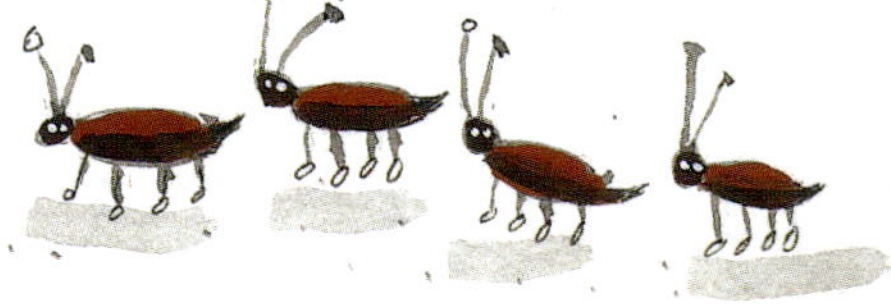

RÉMI LE RAMONEUR

Échelle sur l'épaule,
salopette et casquette,
Rémi le ramoneur
marche et siffle
à tue-tête.

Tralali, tralala,
il grimpe sur les toits,
descend pour nettoyer
les conduits des cheminées.
Tralali, tralala,
et, hop, la suie s'en va !

Rémi a ramoné
toutes les cheminées.
Tralali, tralala,
bientôt le Père Noël
pourra passer par là !

Le bûcheron Eustache

– Par ma moustache,
où est ma hache ?
s'écrie le bûcheron
Eustache
en arrivant dans la forêt.
Il est parti tôt ce matin
pour aller chercher un sapin.
Il a beau vider sa sacoche,
soulever de gros tas de bûches,
aucune trace de sa hache !
« Après tout, se dit Eustache,
pas la peine que je me fâche,
ce sapin sera mieux dans le bois
que chez moi ! »

LA FARANDOLE DES TROLLS

1, 2, 3, 4
trolls
font la farandole
autour des sapins,
là-haut, tout au nord,
avec leurs copains
nains et diablotins.

5, 6, 7, 8
trolls
font la farandole
et s'amusent bien
avec les gloutons,
les loups, les élans
et les ours bruns.

Et quand tous les trolls
font la farandole
avec leurs copains,
au fond d'la forêt
tout le monde rigole !

SORCIÈRE, FAIS-TOI BELLE !

Sorcière, sorcière,
c'est Noël,
alors, sorcière,
fais-toi belle !
Mets un peu de crème
pour soigner tes verrues,
de la poudre sur le nez
pour mieux le camoufler,
du fond de teint au menton
pour cacher tes boutons.

Sorcière, sorcière,
c'est Noël,
alors, sorcière,
fais-toi belle !
Va donc chez le coiffeur
te faire une mise en plis
et mets une robe à fleurs,
tu as l'air d'une chauve-souris !

Sorcière, sorcière,
ne t'en va pas,
c'est pour ton bien
que je dis ça.
Toi aussi, le jour de Noël,
tu peux très bien
être la plus belle !
Et si vraiment
tu ne me crois pas,
eh bien, alors, tant pis pour toi !

TOUS LES GOURMANDS

Foie gras, saumon,
boudins truffés,
huîtres, jambon,
chapons grillés,
dinde aux marrons
sans son dindon,

c'est le rendez-vous
des enfants,
des gros bedons,
des élégants,
le banquet
de tous les gourmets,
le festin
des petits et grands,
qui se retrouvent tous les ans,
pour fêter Noël entre gourmands !

OUF !

Madame la dinde
est enrhumée,
elle tousse
à longueur de journée
et doit vraiment
se reposer.
Ratatinée
et déplumée,
elle ne peut pas
réveillonner,
mais semble pourtant
soulagée :

– Ouf ! Me voilà sauvée.
Ce n'est pas encore cette année
que l'on va pouvoir me manger !

MARCHÉS DE NOËL

Couronnes, sapins,
anges et lutins,
étoiles d'argent,
boules dorées…
ici, vous pouvez farfouiller !

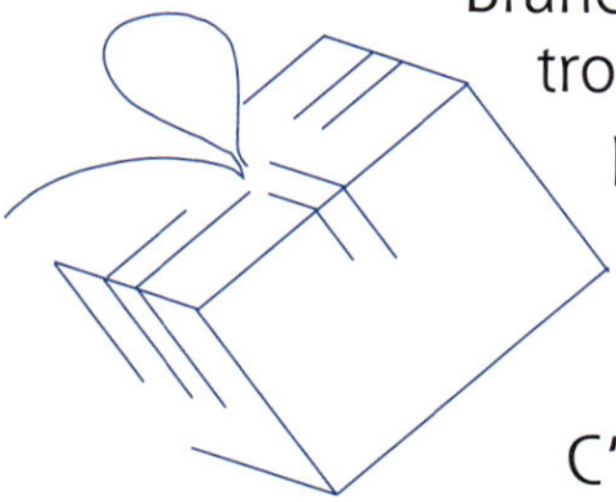

Branches de houx,
trolls en feutrine,
petits joujoux
et figurines,
il y a tout ce que vous cherchez !

C'est Noël,
et sur les marchés,
la marchande
aux joues colorées
crie d'une voix haut perchée :
– Dépêchez-vous,
ça va fermer !

POUPÉES

Poupée de chiffon
pour Marion,

poupée sirène
pour Marjolaine,

poupée magique
pour Angélique,

poupée princesse
pour Inès,

poupée ballerine
pour Joséphine,

et pour moi,
ce sera
les cinq à la fois !

LE LUTIN EST DÉBORDÉ !

Le lutin est débordé,
le lutin est fatigué,
énervé, paniqué :
il court du soir au matin
avec ses copains lutins.
Vont-ils pouvoir fabriquer
tous les jouets commandés ?

Des voitures, des épées,
des pantins et des poupées,
des châteaux, des soldats
et des petits trains en bois.

Le lutin est débordé,
le lutin est fatigué,
énervé, paniqué :
il court du soir au matin
avec ses copains lutins.
Vont-ils pouvoir emballer
tous les jouets fabriqués ?

Mais c'est comme ça chaque année
et le lutin le sait bien :
pas la peine de s'inquiéter,
tous les jouets seront livrés.

Les Rois Mages

Voici venir les trois rois mages,
Gaspard, Balthazar
et Melchior,
qui arrivent avec leurs bagages,
chargés d'encens,
de myrrhe et d'or.

Laissez passer les trois grands sages,
Gaspard, Melchior
et Balthazar,
qui arrivent chargés de présents,
pour les offrir à un enfant.

Comment sont-ils venus d'Orient ?
Perchés sur un dos d'éléphant ?
Assis sur un tapis volant ?
Portés par un orang-outan ?

Mais non, à pied, tout simplement !

LES SANTONS

Voici les santons de Provence,
habillés de tissus colorés,
qui arrivent à la queue leu leu
dans l'atelier du santonnier :
le maire et la lavandière,
le curé et le meunier,
le chasseur et le pêcheur.
Ils arrivent sans se presser,
les santons du santonnier,
à petits pas cadencés,
et vont se poster un à un
sous les branches du grand sapin.

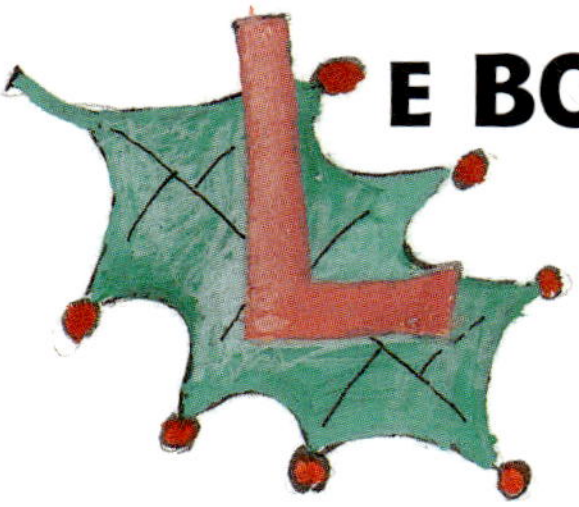

LE BONHOMME DE NEIGE

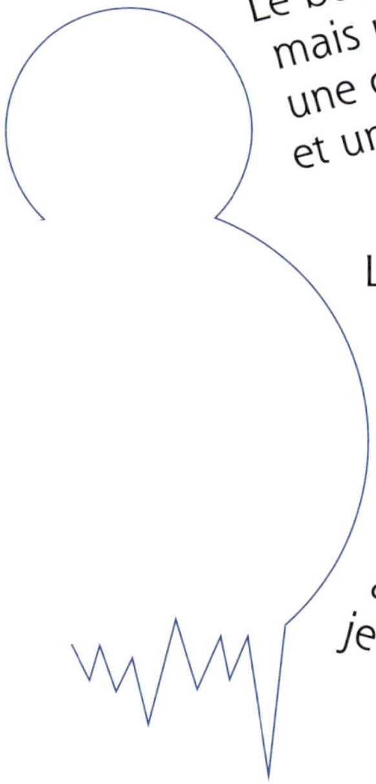

Le bonhomme n'a pas de pieds,
mais un gros ventre blanc et rond,
une carotte en guise de nez,
et un petit chapeau melon.

Le bonhomme n'a pas de mains,
mais une guirlande autour du cou,
deux grands yeux en pommes de pin,
et une cravate avec du houx.

« Ils auraient pu m'habiller
avec un costume fourré,
je suis complètement gelé ! »

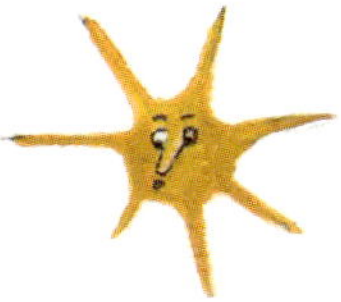

Comment est-elle ?

Est-ce une grosse dame à lunettes,
bonnet pointu sur la tête ?

Est-ce une dame ébouriffée,
avec des bottines aux pieds ?

Est-ce une vieille dame à chignon
en cape rouge vermillon ?

Est-ce une dame à grand chapeau,
qui se déplace en traîneau ?

Dites-moi, comment est-elle,
la femme du Père Noël ?
Et si personne ne l'a vue,
alors, où se cache-t-elle ?

QUELLE BARBE !

– Barbe carrée,
barbe bouclée,
barbe brossée,
barbe tressée,
barbe peignée,
barbe gaufrée,
barbe lissée,
barbe lavée,
barbe frisée,
barbe tissée,
barbe rasée…

Faites-moi ce que vous voudrez,
dit le Père Noël au barbier,
mais je veux avoir l'air soigné
au moins une fois dans l'année !

AMAN 'A DIT

Ce matin,
maman m'a dit :
– Si tu plies
tous tes habits,
fais ton lit
et manges ton riz,
si tu ranges
tous tes outils
et nourris
le canari,
je suis sûre que cette nuit
le Père Noël va passer.
Mais si tu n'es pas gentil,
il restera dans son lit.

C'est maman qui me l'a dit !

LE CHAUFFEUR DU PÈRE NOËL

Ding, dong !
minuit sonne.
Monsieur le renne
en personne
enfile pantalon
et veston,
met ses chaussettes
et ses lunettes,
astique ses bois
sur la tête,
et va chercher
son grand traîneau,
déjà bien rempli
de cadeaux.
Monsieur le renne
de Laponie
est le chauffeur du Père Noël,
tout comme son père
l'était aussi
et comme le seront ses petits...

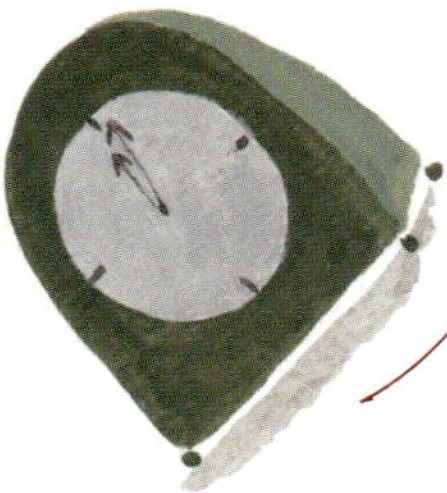

LE PÈRE NOËL

Avez-vous vu le gros barbu,
barbe de coton au menton,
avec un manteau coquelicot
et une hotte sur le dos ?

L'avez-vous vu, Noël venu,
sans canne ni parapluie,
se glisser comme une souris
dans les maisons tout endormies ?

L'avez-vous vu, oui ou non,
ce gros barbu à capuchon ?

On dit que c'est le Père Noël,
qui arrive de Laponie
pour déposer pendant la nuit
ses jouets à tous les petits.

Quelle énergie !

IL FAUDRA TOUT RECOMMENCER !

Quand tous les jouets
sont déposés,
qu'il n'y a plus rien
à manger,
quand les rennes
ont très mal aux pieds
et que la fête
est terminée,
le Père Noël, épuisé,
peut enfin aller se coucher
et RONFLER, RONFLER, RONFLER
pendant le reste de l'année,
car lorsqu'il va se réveiller,
il faudra tout recommencer !

J'espère que vous
me trouvez beau !
Je suis débordé !
Je suis fatiguée !
Viens danser
avec nous !
JOYEUX
Ce n'est pas le moment
d'être en retard !
Préparez-vous, j'arrive !
Sois bien sage !
C'est le plus beau jour
de l'année !
Savez-vous
où est ma hache ?
J'ai nettoyé toutes
les cheminées !
Je vais vous tailler
une belle barbe !

On va se régaler !
Bonjour, les amis !
Gla ! gla ! je suis gelé !
Qui veut jouer avec moi ?
NOËL !
J'ai demandé plein de cadeaux !
Je vais être la plus belle !
Je vous prépare une bonne bûche !
Qui veut jouer à cache-cache ?
Nous avons fait un long voyage !
Donnez-moi vos lettres !
Achetez mes guirlandes !